D1726204

Dad! Es ist jetzt Zeit, dass du erfährst, wo die Kleinen Pixel herkommen!
BUTSCHKOW

Peter Butschkow

50 plus Computern im besten Alter

In der Reihenfolge von links nach rechts:
Der Autor Peter Butschkow im kindlichen,
pubertierenden, verträumten, coolen, rebellischen,
genüsslichen, reifen und – besten Alter!

© 2003 Lappan Verlag GmbH
Postfach 3407 · 26024 Oldenburg
www.lappan.de · E-Mail: info@lappan.de
Gesamtherstellung: Sachsendruck, Plauen
Printed in Germany · ISBN 3-8303-4114-8

Mein Computer

Verdammter Plastikkasten,
mit Schrottkram voll gepackt,
wie oft schon hätt ich gerne,
dich kurz und klein gehackt.

Geliebter Plastikkasten
mit bunten Innereien,
wie oft schon wollte ich
vor Vergnügen schreien.

Verfluchter Plastikkasten
mit toten Chips statt Zellen,
wie oft schon wünschte ich
dich in die tiefsten Höllen.

Geschätzter Plastikkasten,
mit Wissen voll gefüllt
wie oft schon hast du
mein´ Wissensdurst gestillt.

Werter Plastikkasten,
mal treu – mal wie verhext,
nimm dies Versöhnungszeichen:
Ich schenk dir diesen Text!

Bleib ganz ruhig.

Ich weiß, du bist aufgewacht und denkst, du bist im falschen Film, und zwar in einem uralten. Vor dir steht dieser piepsende und funkelnde Roboter, so einer wie aus dem Krieg der Sterne – und du in Ritterrüstung, rostig, steif und unbeweglich, aus beuligem Blech, scheppernd und quietschend. Du glotzt ungläubig aus deinem Visier und hohl klingt deine Frage: „Was geht hier vor? Ich versteh nicht!?" Empört schleppst du dich in dein Turmverlies, tauchst den Federkiel in dicke Tinte und schreibst deine Fassungslosigkeit an die neue Welt.

Genau so geht es der „alten Generation" in Sachen Computer. Sie hat ja auch nicht aufgepasst, hat selbstgefällig an bewährten Praktiken festgehalten, die ersten Alarmsignale belächelt, wie einst meine Schriftsetzerkollegen, die das erste Fotosatzgerät als Kuriosität und Erfinderspäßchen verhöhnten, und während sie sich kichernd weiter in ihren Bleisetzkasten vertieften, schoben die neuen Satzcomputer sie sanft ins Museum. Dort wachten die braven Schriftsetzer erst auf, als sie die Frage vernahmen: „Was macht'n der Onkel da?" Eine ganze Schulklasse junger Menschen starrte sie an. Mein Vater, ein redlicher und korrekter Steuerberater, durchbrach immerhin einst schwitzend die Schranke vom handgeschriebenen Buchungsjournal zu einem völlig neuen, mechanischen Buchungssystem, eine Revolution. Letzeres liegt heute längst im Museum, gleich neben dem Bleisetzkasten.

So weit, so wahr. Aber was, um Himmels willen, kann man tun?

Jetzt, wo man den Eindruck hat, den Zug verpasst zu haben? Da fährt er, mit Höchsttempo, man sieht nur noch seine Rücklichter. Im Zeitschriftenladen, im Bahnhof sieht man mit Schrecken eine ganze Wand voll mit Computer-Fachzeitungen, aber alle sind sie in chinesisch. Was nun?

Bleib ganz ruhig. All der neue Kram ist von Menschenhand, auch wenn er digital zu dir rüberkommt. Lass dir nichts vormachen. Auch hinter jedem neuen Wort steht eine ganz normale Übersetzung. Lass dich nicht blenden. Auch die Jugend hat keine Ahnung,

obwohl es oft ganz anders aussieht. Lass dich nicht verunsichern. Bedenke, auch du hast einen Vorsprung, den dir keiner nehmen kann: Du weißt, dass es auch anders gehen kann, vor allem, du kannst es.

Wenn bei dir der Strom ausfällt, könntest du noch mit der Hand weiterschreiben. Der junge Mensch hingegen erstarrt hilflos.

Jetzt geh zu ALDI und kauf dir diesen neuen Rechner. Das ist so'n rechteckiger Kasten. Dann geh zu LIDL und kauf dir einen Monitor. Der sieht so aus wie'n Fernseher. Dann geh zu TCHIBO und kauf dir diesen Drucker. Der sieht so aus wie'n Faxgerät. Dann stöpsel das ganze Zeug zu Hause zusammen und drück auf den On-Schalter. Guten Tag, sagt die neue Welt, meistens mit einem harmonischen Signalton. Jetzt mach alles wieder aus und genieß das Gefühl, nun auch dabei zu sein. Geh im Geiste all deine Enkel und Enkelinnen durch, wer lechzt nach deinem Erbe? Verpflichte sie. Köder sie. Du brauchst nämlich kein „Manual", keine Bedienungsanleitung, die verstehen sowieso nur ihre Autoren, du benötigst jetzt lebendige Hilfe, wenn es um die Software (das ist kein Drink, sondern ein Programm) und um die Bedienung der Tasten und der Maus (ohne Fell) geht.

Bald spürst du den Zugang zu der neuen Technik, wächst rein, hast Spaß, schreibst all deinen Freunden in der ganzen Welt, bestellst dir bei eBay die tollsten Sachen und „loggst" dich überall ein. Das ist so, als wenn du fremde Wohnungen betrittst.

Was heißt hier, ich soll nicht so'n altmodischen Scheiß erzählen?

10 Eier
1 x Buttermilch
1 x Schnittbohnen klei...
Zwiebst abchien 1x
1 x Nudeln
1 x Höhlenkäse
1 Glühbirne 60 wat
1 x Essig

Vorratsdose Nivemil
Binden
Wundschutzcreme 2x
Coll

1 x Brat   Tomaten
1 kleine Nathen
Kaffeefilter 1x4   grüne
3 x Joghurt   Erbsen
3 G. Eier
Müllbeutel die guten +
1 x " die dünnen
1 x Aufklebezettel
2 x ... 2 x Dusch das
1 kl. Eimer
Spülmittel - Palmolio
1 Beutel Apfelsinen
1 " Clementinen

2 Odol plus
2 Zahncreme colgate total
2 Plantea Pro N.
Anti Belag...
2 Weihnachtsteller
Inhalt,
1 Weihnachtsteller
Schinkensalat mit ...
...
2 Spekulatius
3 Marzipan...
Cappucino-ungesüßt

Gurken grünz
...
...
...
Tomaten
Zucker
...
...
Kaffee

Einkaufszettel sagen alles

Betrachten wir uns mal in aller Ruhe diese kleinen schriftlichen Gedankenstützen eines Normalmenschen bei der Beschaffung seiner notwendigen Alltagsartikel, so wird doch sofort der Verfall unserer heutigen Versorgungs- und Bedürfniskultur deutlich.

Links, bei den älteren Menschen, spielen noch Körperhygiene *(duschdas, Binden, Odol plus)*, Gesundheit *(Gemüsesuppe, Apfelsinen, Grüne Erbsen)*, Reinlichkeit *(1 kl. Eimer, Spülmittel)* und Potenz *(30 Eier)* eine Rolle, bei den jungen hingegen geht es allein um einseitige Ernährung *(Nutella, Pizza, Chips)*, Genussmittel *(Tabak, Bier, Kondome, Cola)*, Unterhaltung *(Rohlinge, Comics, Handykarte)* und oberflächliche Körperpflege *(Deo, Gel)*. Erschütternde Belege, vor deren Veröffentlichung wir lange gezaudert haben.

Die guten alten Zeiten Seiten

Radio Luxemburg

Es gab einen Platz, an dem konnte einem keiner etwas anhaben, weder die Eltern noch die Schule oder irgendjemand – und dieser Platz war unter der Bettdecke. Dort konnte man nicht nur so wundervoll mit sich selber spielen, sondern auch sein kleines Transistorradio mitnehmen, und wenn der elterliche Befehl „Schlaf gut!!" ins Zimmer drang, dann ging es unter der Bettdecke erst richtig los. Aufgeregt presste man sein Ohr an den kleinen Lautsprecher und drehte an der runden Senderwahlscheibe bis man IHN endlich hatte. Radio Luxemburg!!! Er war wie E.T., etwas aus einer ganz fernen, unglaublich faszinierenden Welt – und so hörte er sich auch an. Es störte und rauschte ständig auf der Frequenz, dazwischen vernahm man immer wieder mal Töne, Musik, die es in deutschen Rundfunkhäusern damals nie zu hören gab, bestenfalls wöchentlich einmal in einer Sondersendung für junge Menschen. Musik in englischer Sprache, von den

Beatles, von den Rolling Stones, von den Kinks, auf den Ätherwellen schwankend, auf und ab unter meiner Decke, ganz alleine mit mir, eine neue Zeit ausrufend, meine Zeit, mein pochendes, drängendes Leben. Die da, außerhalb meiner Federbettenfestung, hatten nicht die geringste Ahnung. Ich lauschte und träumte, bis die Ohren glühten, und mitten in der Nacht wachte ich irgendwann auf, weil mein Kopf auf etwas Hartem lag. Und das sendete immer noch eisern auf den unruhigen Wellen – und kostete ganz schön Batterien.

Damals bedienten die deutschen Rundfunksender ausschließlich die Erwachsenen, die in Musiksendungen wie dem sonntagvormittäglichen Dauerbrenner „Von Hamburg bis Haiti", einer Sendung des NDR mit bundesweiter Ausstrahlung, ihre Erfüllung fanden. Für meine Eltern gehörte diese Sendung zum Sonntag wie ihr 5-Minuten-Ei unter das gestrickte Warmhaltemützchen. Mir war es egal. Auf mich wartete abends unter der Bettdecke meine kleine, quäkende Schatzkiste, um mich wieder auf den anderen Musikstern zu entführen. Für mich lag Luxemburg da oben irgendwo.

Kam mir dann eines Tages jedoch einer dieser geheimnisvollen Musiktitel in makelloser Sendequalität oder von Schallplatte zu Ohren – er war wie entweiht, entzaubert, so steril und langweilig, so, als stünde der Außerirdische persönlich vor mir – und sähe aus wie Hausmeister Krause.

Hoppalong Cassidy

Kindern und Jugendlichen ist das Lesen des folgenden Satzes verboten: „Es gab mal Zeiten, da gab es weder Fernsehen noch Computer."

Die heutige Generation wäre so einer trostlosen Zeit nicht gewachsen, es bestünde die Gefahr von schwersten seelischen Folgeschäden! Aber Kinos gab es damals schon, durchaus. Wenn ich mich in der Woche den autoritären Vorgaben meiner Eltern ohne Fehl und Tadel angepasst hatte und solchermaßen auch aus der Folterkammer Schule keine Wehlaute herausdrangen, dann durfte ich Sonntagnachmittag ins Kino, zur Kindervorstellung!!

Ich ging ins Tivoli, ein wundervolles großes Kino, mit rotem Samt, roten Sesseln und schweren Vorhängen, mit Kandelabern an den Seitenwänden und großzügigen Logen halbrund herum. Küssende Filmpaare galten als ätzend und wurden gnadenlos ausgebuht. Auch ich war lustvoll verklemmt mit am meutern. Geliebt habe ich deswegen die Cowboyfilme, in denen korrekterweise ausschließlich geballert und skalpiert und seltener geknutscht wurde. Piratenfilme mit Errol Flynn waren auch nicht übel, doch nichts gegen Hoppalong Cassidy!

Es gab noch andere Cowboys – Audy Murphy z.B., aber nur einen Hoppalong Cassidy!!! Gottlob haben die deutschen Filmverleiher diesen unübertrefflichen Namen nicht eingedeutscht, vermutlich wäre ein „Hoppel schießt sich durch" daraus geworden. Hoppalong saß ganz schwarz gekleidet auf seinem Schimmel, auf dem Kopf einen gut 40 Zentimeter hohen Filzturm mit Krempe, ein keckes Halstuch schlang sich um seinen Kragen und seine Pistolen blinkten silbern und seine Stiefel glänzten fett. Er war stets korrekt gekleidet und rasiert, also auf den Punkt gebracht: Ein blitzsauberer Bursche und nicht so ein verluderter, vergammelter Cowboy aus den heutigen Filmproduktionen.

Ich kann mich nicht erinnern, dass Hoppalong jemals die Form verloren hat, geschweige denn seinen Hut. Er ritt aufrecht jeder Kugel, jedem Pfeil entgegen – und kam heil wieder zurück, immer im Sinne der gerechten Sache. Und dass er nur ein einziges Mal zu viel getrunken hätte oder gar ins Bordell gegangen wäre, undenkbar! Und geraucht oder getrunken hat er auch nicht.

Ein echter Amerikaner!

Der Mignon-Plattenspieler

Er war der Getto-Bluster der 50er-Jahre, so groß wie heute ein Sandwich-Maker, und – der von meinem Spielkameraden Axel jedenfalls – wunderschön blau. Axel war schwer stolz auf seine Errungenschaft, aber Egoismus war ihm fremd. Von der Wunderbox sollten wir alle was haben, also schleppte er ihn überallhin mit, nur mit der einen Auflage: Wir sollten nichts anderes reinstecken als Schallplatten. Wie witzig. Ich hatte gar keine.

Der Mignon hatte an der Frontseite einen Schlitz, in den man die 45er Platte schob. Eine solide Mechanik bemächtigte sich der Scheibe, daraufhin quäkte aus einem kleinen Lautsprecher prompt Musik. Man konnte ihn überallhin mitnehmen, ihn locker tragen, kein Problem. Ideal, um mit seinem Mädchen an den Strand zu fahren und dort mit klug ausgewählten Schmusetiteln die Stimmung zu begünstigen. Leider hatten wir in dem Alter noch kein Mädchen, also stand der Mignon am Spielplatz und dudelte vor sich hin. Einige Nachteile hatte er indessen schon, erstens musste man ihn ständig mit Platten füttern (ich weiß beim besten Willen nicht, ob damals schon die Wiederholungstaste erfunden war) und zweitens durfte kein Sand oder Schmutz in das Gerät eindringen. Das mit den Platten war kein Problem, es gab in der Regel sowieso immer nur einen Titelfavoriten. Ich erinnere mich an Axels Lieblingsscheibe „Banana

Boat" von Harry Belafonte. Die nudelten wir, bis die Nachbarn aus den Fenstern brüllten, wir sollten die Affenmusik ausmachen. Axel hatte dann noch eine Scheibe von Duan Eddy und eine von Little Richard im Angebot, die schob er nun in den Dudel-Toaster, nachdem Harry Belafontes Bananen ja nun nicht jeden Geschmack gefunden hatten. Aber die anderen Musiktitel schmeckten den Nachbarn ebenso wenig. Eines Tages war Sand im Mignon und nichts ging mehr. Irgendwie waren wir alle erleichtert, jetzt konnten wir uns wieder ganz auf unsere Spiele konzentrieren. Hauswart Matzke hat auf dem Sterbebett zugegeben, dass er es war, der den Sand-Anschlag begangen hatte. Wir haben ihm vergeben.

So, so!
Spielt man wieder die
"Blutige Nachtschwester"?
BUTSCHKOW

Man wird nicht jünger

Und nun ist es passiert, man hat es nicht für möglich gehalten, es lag so unendlich weit weg, so unvorstellbar für einen selber. Allein die Versicherungsvertreter malten einem gruslige Altersszenarien, nun gut, man unterschrieb dann halt irgendwelche Policen, die einem für das Alter völlige Sorglosigkeit garantierten, und fühlte sich in der ganzen Sache nur noch von den monatlichen Abbuchungen berührt.

Und dann schaut man eines Morgens in den Spiegel und erschreckt sich furchtbar. Nein, ganz überraschend kam es nicht, an einigen Stellen des Körpers bemerkte man über die Zeit widerwillig sehr wohl kleine Veränderungen. Das ist dann wohl doch kein Schnee, der da auf dem Kopf liegt, das sind definitiv weiße Haare, zudem haben komplette Haareinheiten auch noch feige Kopfhautflucht begangen. Auch die Rippenstufen des Waschbrettbauches sind zugewachsen, im Bauchbereich wölbt sich Speckmasse aus, die man viel zu lange schon als Muskelreserven zu verkaufen versuchte, Brüste suchen Bodenkontakt und die allumspannende Haut wirkt hier und dort wie eine verschobene Tischdecke, schlürft gierig teure Feuchtigkeitscremes.

Zu dem, was sich alltäglich um einen herum abspielt, bekommt man mehr und mehr kritischen Abstand. Warum spielen die Enkel im Hochsommer im abgedunkelten Zimmer Fußball am Computer – und nicht draußen? Warum benutzen sie Fachausdrücke, auf die man immer nur mit „Hä?" antworten kann? Ist man denn jetzt wirklich, irgendwie, möglicherweise tatsächlich älter geworden?

Man tröstet sich damit, dass ja schon der Säugling zu altern be-

ginnt, dass er im Vergleich zur Eizelle bereits uralt ist, außerdem hatte ja der Hausarzt damals, als man ihm beichtete, man fühle sich neuerdings morgens früh so zerschlagen, geantwortet: „Nun, Sie sind ja auch schon 30!" Alter ist also relativ.

Man kann sich neuerdings vorstellen, dass die Oma dort einst auch eine junge, hübsche Frau war. Vorher war man überzeugt, dass die Alten immer schon da waren, von irgendwoher kamen, es musste Entbindungsstationen geben, wo nur Alte geboren wurden.

Nun das Schlimmste: Man beginnt, seine Eltern zu verstehen! Kann sich in ihre Hungersnot und Währungsreform versetzen, begreift ihre Schweißausbrüche, wenn eine friedliche Feueralarmsirene Bombennachterinnerungen weckt, erinnert sich mit Milde daran, wie sie ständig ihre Brillen gesucht haben, sieht ihre vielen kleinen bunten Pillen mit anderen Augen und vermag nun mit ganz schlechtem Gewissen nachzuvollziehen, wie viel Sorgen und Ängste sie doch bis zu ihrer letzten Stunde um ihr „Kind" hatten. Das bedeutet: Willkommen im Club der alt Gewordenen!

Auf Platz zwei der Entwicklung steht, nach dem Schreck des Altersbewusstseins, in den Umfragen die „Angst wegen späterer Abhängigkeit". Klingt, als ob wir vorher unabhängig gewesen wären. Ich jedenfalls habe in meinem Leben keinen unabhängigen Menschen kennen gelernt, nicht mal Bill Gates ist unabhängig. Gut, vom Geld vielleicht, aber er muss jeden Morgen in den Spiegel schauen und sich sein Babyface ansehen. Die Menschen fürchten sich also ganz furchtbar davor, eines Tages voll eingeloggt in einer High-Tech-Klinik zu landen und Spielball von besoffenen Ärzten oder nassforschen Krankenschwestern zu werden, die mit einem Mausklick durch den Mikrokosmos ihrer Patienten surfen. Ist das nicht ein Mist? Grade will man lüstern in den vollreifen Apfel seiner Lebensreife beißen – da plagen einen die Ängste, dass man den bald als Mus gefüttert bekommt. Einige Menschen tragen aus diesen Gründen heimlich eine Giftpille in der Backentasche mit sich herum, immer bereit, sie angesichts eines weißen Kittels zu zerbeißen. Wenn das nun aber der Beauftragte von der Lottozentrale ist, der in eiliger Freude, dir von deinem Sechser mit Zusatzzahl und richtiger Superzahl und Spiel 77 zu künden, versehentlich seinen weißen Pyjama nicht ausgezogen hat? Es gibt kein Entrinnen. So lange aber sollten wirs krachen lassen. Vorsorgen und Leben speichern. Das bedeutet: Willkommen am Feuer der Weisen!

Reife Frau und junger Mann

Morgens gegen 6.45 Uhr am Frühstückstisch blickt die reife Frau plötzlich über die Modeseiten ihres Frauenmagazins – und sieht ihren Mann. Erschreckt stellt sie fest, wie alt er geworden ist und ja schon seit einer Ewigkeit jeden Morgen ihr gegenübersitzt. Sie erinnert sich an das lodernde Feuer der ersten Jahre, und ihr wird bewusst, dass daraus längst eine abgekühlte, blubbernde Wärmflasche geworden ist. *Kinder, Küche, Kleiderschrank,* daraus war das Reinigungsmittel, das die Liebe weggeputzt hat. Reife Frau lernt jüngeren Mann kennen und verlässt alten Mann. Reife Frau blüht auf, fühlt sich wie neugeboren. Jahre vergehen.

Reifer Mann blickt eines Morgens plötzlich über den Sportteil seiner Zeitung. Erschreckt stellt er fest, dass ihm gegenüber eine alte Frau sitzt. Er schaut auf ihre fettigen Faltencremes und die schlaffen Stützstrümpfe über ihrer Rückenlehne.

Reifer Mann lernt jüngere Frau kennen …

Reifer Mann und junge Frau

Morgens gegen 6.45 Uhr am Frühstückstisch blickt der reife Mann plötzlich über den Sportteil seiner Zeitung und sieht seine Frau. Erschreckt stellt er fest, wie alt sie geworden ist und ja schon seit einer Ewigkeit jeden Morgen ihm gegenübersitzt. Er erinnert sich an das lodernde Feuer der ersten Jahre, und ihm wird bewusst, dass daraus längst ein starrer, lauwarmer Heizkörper geworden ist. *Karriere, Kinder, Couchgarnitur,* daraus war das Schleifpapier, das die Liebe klein geschmirgelt hat, vor allem den Sex. Reifer Mann lernt junge Frau kennen und verlässt alte Frau. Reifer Mann blüht auf, fühlt sich wie neugeboren. Jahre vergehen.

Reife Frau blickt eines Morgens jäh über die Entschlackungskur in ihrer Zeitung. Erschreckt stellt sie fest, dass ihr gegenüber ein alter Mann sitzt. Sie schaut auf seinen Frühstücksteller mit den Tabletten und lauscht dem Schnurren seines Blutdruckmessers.

Reife Frau lernt jüngeren Mann kennen …

DIE WICHTIGSTEN BAUCHFORMEN NACH DR. F. X. MAYR

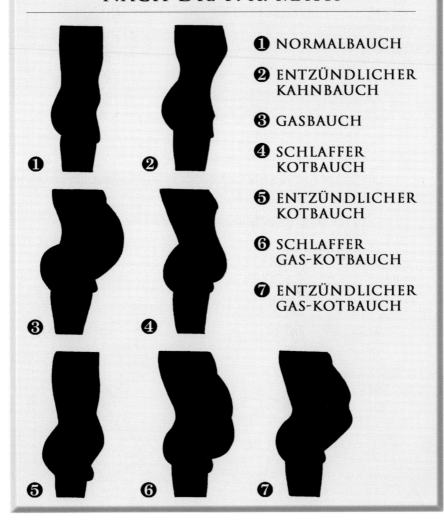

❶ NORMALBAUCH

❷ ENTZÜNDLICHER KAHNBAUCH

❸ GASBAUCH

❹ SCHLAFFER KOTBAUCH

❺ ENTZÜNDLICHER KOTBAUCH

❻ SCHLAFFER GAS-KOTBAUCH

❼ ENTZÜNDLICHER GAS-KOTBAUCH

Erzfeind Jugend

Es gibt Leute, die behaupten, es sei der gesunde Lauf der Dinge, dass die Jugend selbstgefällig um sich selber kreist, alle Ratschläge und Lebenshilfe ablehnt und die Alten verhöhnt. Diese Leute sagen auch, dass das angeblich ein gesunder Abwehrmechanismus sei, der die verletzliche Jugend vor den übermächtigen Besserwissern schützt und ihnen die nötige Luft und den Freiraum gibt, sich ihren eigenen Weg zu suchen. Diese Leute behaupten, dass die Alten doch nur den Satz „Früher war alles viel besser!" auf ihrer staubigen Fahne tragen und hinten und vorne nicht mehr durchblicken. Es darf laut gelacht werden.

Die Wahrheit ist doch: Die Jugend ist abgrundtief neidisch. So viele Dinge des Lebens werden ihr für immer verborgen bleiben, Dinge, die es mal gab – und nie mehr geben wird. Da wären einerseits die ausgestorbenen Tiere, unwiderruflich futsch. Wo ist der kleine, rote Kartoffelkäfer, der immer so herrlich knackte, wenn man auf ihn draufgetreten ist? Wo ist der Kohlweißling, dieser quicklebendige Schmetterling, den wir freudig mit unseren Federballschlägern im Flug erlegten? Oder die Maikäfer? Bauer, Schuster usw., alle rein in die Zigarrenkiste, bis das Ding rappelvoll war. Aber von dem anderen, vom Alltäglichen möchte ich sprechen, eben von den unvergesslichen Dingen der damaligen Zeit. Nehmen wir doch nur die gute alte Zahlkarte. Abgesehen davon, dass die Jugend überhaupt nicht mehr schreiben kann und zu Tastendrückern und Mausklickern mutiert ist, was wissen denn diese Pommes-Junkees beispielsweise von der Erotik ei-

ner handgeschriebenen Zahlungsanweisung? Nichts! Absolut nichts!
Solche alltäglichen Handlungen waren einst existenzielle Handlungen,
kalligraphische Kunstwerke, die man behutsam zum nächstgelegenen
Postamt trug. Ein Postamt gabs in jeder Stadt, in jedem Dorf, es war
gleichbedeutend mit dem Rathaus oder der Kirche, eine würdige In-
stitution mit ebenso würdigen Postbeamten. Legte man damals bei der
Berufswahl Wert auf Sicherheit bis ans Lebensende, so gab es nur Bank
– oder Post. Oder Lehrer. Letztere sind heute in Sachen Beschäfti-
gungsgarantie und Komplettversorgung als Einzige übrig geblieben.
Man ging nun also mit seiner handgeschriebenen Zahlungsanweisung
zu seinem Postamt (der Mensch verließ das Haus, hört ihr! Nix mit

nur zu Hause vorm PC hängen, das war die reale und nicht die virtuelle Welt, ihr Zombies!), um sich dort in eine lange Schlange anderer Formblattträger einzureihen und aufgeregt dem Moment entgegenzufiebern, in dem der hochwohlgeborene Schalterbeamte einem die Gunst der Zuwendung schenkte. Und wehe, er entdeckte auch nur den kleinsten Schreibfehler oder die geringste Ungenauigkeit, das bedeutete: Raustreten, neu ausfüllen und wieder hinten anstellen! Und das vor allen Leuten! Dabei lernte man jedoch in der Warteschlange wundervolle Menschen kennen, teilte sich gegenseitig Unmut oder Befindlichkeiten mit, erfuhr etwas von neuen Krankheiten, schwelenden Eheproblemen und vor allem dem grollenden Unmut über den Staat und seine blasierten Diener im Besonderen.

Bedauerlicherweise haben die ungepflegten 68er diesen subtil keimenden Auflehnungsprozess in brachialer Art und Weise an sich gezogen, ihn überrollt und sich und ihre ideologische Fahne an die Spitze gestellt, somit dem normalen Bürger den berechtigten Vorrang genommen, ein Postamt zu stürmen, die komfortablen Pausenräume zu plündern und die selbstherrlichen Schalterherrscher von ihren gepolsterten Klobrillen zu stürzen. Vive la Révolution! Bevor es aber dazu kommen konnte, war das Postamt längst abgeschafft, und gewöhnliche Einzelhandelskaufleute in Supermärkten erledigten fortan diese Arbeit im Namen der New Post AG locker nebenbei. So, Jugend, das war nur ein kleines Beispiel für die pulsierende Dynamik des Alltäglichen, wie sie uns Älteren einst täglich beschert war. Unwiederbringlich! Und jetzt ihr!

HOLT EUCH DIE SPRECHENDEN HEMDEN!

Nichts anderes schließlich heißt „T-Shirt",
nämlich „Talk-Shirt", gleich „Sprechendes Hemd".
Exklusive Brustbrüller auf höchstem Humorniveau
für Strand, Büro oder eben einfach so.

Der Witz, der gemacht werden musste!

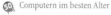